HACER BOLSOS DE TELA

con cuentas, cintas, botones, perlas, plumas...

A Massimo y Daniela, espléndidos colaboradores.

AGRADECIMIENTOS
A los queridos amigos Afre Magrotti, Chiara Brega, Rossana Pellegrino y Franco
Boschetti; al fotógrafo Giuseppe Pisacane y al equipo gráfico y de redacción: Nadia Dorissa,
Annamaria Palo, Enrica Sacchi, Cristina Pradella, Amelia Verga, Beatrice Sciascia.

Editor: Jesús Domingo
Edición a cargo de Eva Domingo

Título original: *Borse di stoffa*
© 2002 RCS Libri S.p.A., Milán, Italia
© 2006 de la versión española
    by Editorial El Drac, S.L.
    Marqués de Urquijo, 34. 28008 Madrid
    Tel.: 91 559 98 32. Fax: 91 541 02 35
    E-mail: info@editorialeldrac.com
    www.editorialeldrac.com

Fotografías de Giuseppe Pisacane
Diseño de cubierta: José M.ª Alcoceba
Traducido por Penélope Gómez para Seven

ISBN: 84-96550-22-2
Depósito legal: M-6092-2006
Impreso en Orymu
Impreso en España – *Printed in Spain*

Donatella Ciotti

HACER BOLSOS DE TELA

con cuentas, cintas, botones, perlas, plumas...

SUMARIO

Introducción

El bolso ha tenido siempre un papel fundamental en el
guardarropa de una mujer: verdaderamente irrenunciable,
define un estilo de vida y es un complemento que puede
convertirse en protagonista.

El bolso puede ser rebuscado, sofisticado o naif, con
superficies metálicas, embellecido por bordados, piedras,
trozos de tela o de piel, para llevar en cualquier momento
del día, o como una preciosa joya. Puede ser de seda o
con cuentas para las ocasiones especiales; de mucha
capacidad, para todas las horas del día; de tela vaquera,
perfecto para el tiempo libre, incluso un mini-bolso con
bandolera o de mano; en cálidos tonos coloniales o en fríos
colores.

A través de este libro y de los diferentes pasos, ricamente
ilustrados, podrán verse envueltos en una nueva aplicación
de las manualidades: los bolsos de tela, lo último de la
nueva temporada, al alcance de todos. Los modelos aquí
propuestos están cosidos a máquina, pero pueden
realizarse también a mano: la elaboración es un poco más
larga, pero el resultado no cambia.

Materiales

Son los elementos indispensables para todas las creaciones: tejidos sencillos, suaves pieles, terciopelos y brocados, plumas e hilos diversos; una visión del conjunto que puede enriquecerse más aún, dando libertad a su imaginación.

Visón

Hilo mouliné

Brocado de seda rosa

Terciopelo

Plumas de urogallo

Plástico para el interior de los bolsos

Diferentes tipos de papel para los patrones

Piel de oveja
blanca rizada

Zorro negro

Plumas de avestruz

Tarlatana

Zorro azul

Herramientas y materiales de soporte

Perlas o cuentas, encajes y cintas, a la venta en mercerías en los tonos y con los estampados más variados, pero también materiales de soporte verdaderamente indispensables, que si no se tienen ya, pueden encontrarse en cualquier ferretería.

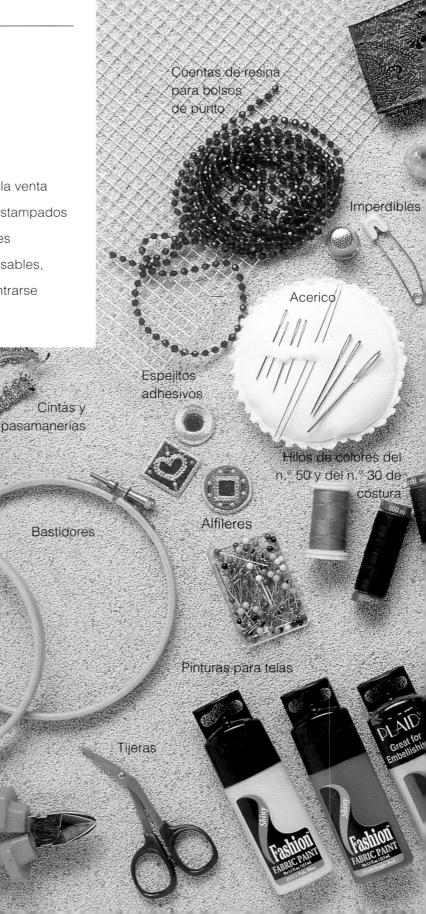

Cuentas de resina para bolsos de punto

Imperdibles

Acerico

Espejitos adhesivos

Cintas y pasamanerías

Hilos de colores del n.º 50 y del n.º 30 de costura

Bastidores

Alfileres

Pinturas para telas

Tijeras

Tenazas

Pasamanerías
doradas

Cuentas de cristal

...lo
...ástico

Diferentes tipos de asas
de resina

Cierre
para bolsos

Cadenas

Hilo
de alambre

Cable con
enganches
para las asas

Pistola de silicona

Bolsos de tarlatana

Materiales sencillos pero con un gran
efecto para pequeños bolsos transparentes
de tela, muy cómodos y decorativos
para las noches veraniegas.
Pueden realizarse en cualquier color,
combinando a la perfección con vestidos
de líneas sencillas, pero a la vez rebuscados.

MATERIALES

- 30 × 80 cm de tela de tarlatana
- 25 × 80 cm lámina de plástico
    transparente
- 60 cm de tubito de vinilo
    del mismo color
- Hilo amarillo para costura
    del n.° 50
- Tijeras
- Aguja de costura
- Dedal
- Alfileres
- Máquina de coser

1 Cortar de la tela de tartalana dos rectángulos de 29 × 19 cm. Para hacer los márgenes, doblar todos los lados 2 cm hacia el interior.

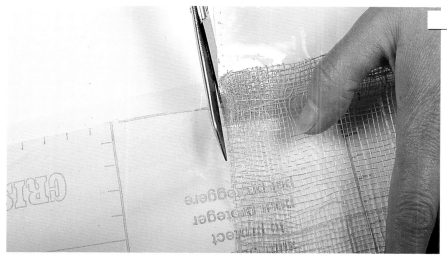

2 Cortar 2 rectángulos de 25 × 15 cm de la lámina de plástico (no lleva márgenes). Para realizar la superficie del bolso se hacen por separado dos rectángulos y se sujetan con alfileres la tela y el plástico como si fuesen hilvanados, coserlos a mano por el revés con pequeños pespuntes, o bien a máquina, así se forrará el interior del bolso.

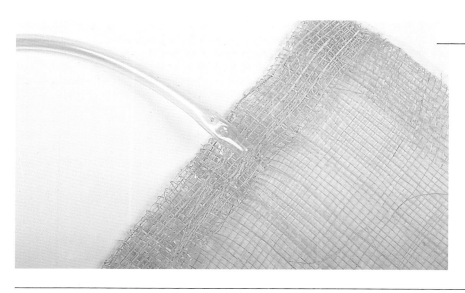

3 Cortar dos tiras: una de 58 × 12 cm de tela de tartalana y una de 54 × 10 cm de la lámina de plástico para hacer el fuelle del bolso. Coser las dos tiras (de tartalana y de plástico) en una y después coserla a los tres lados del rectángulo. El bolso se ha realizado al derecho porque sería difícil darle la vuelta al ser de un material rígido. Cortar en dos el tubito de vinilo y coser las dos asas.

Con rosas de seda

Originales bolsos veraniegos con superficies
metálicas, para que las más jóvenes puedan
ir a la última moda.

MATERIALES

- 30 × 80 cm de red de zinc
- Pistola para silicona caliente
- 60 cm de tubito de vinilo
- 30 × 140 cm de ancho de lámina
  de plástico transparente
- Papel de lija del n.º 0
- Flores de seda
- Hilo de nailon del n.º 30
- Hilo de zinc del n.º 40
- Alicates
- Cuentas de madera
- Tijeras

1 Con los alicates, cortar de la red metálica 2 rectángulos de 30 × 15 cm (caras), 2 rectángulos de 15 × 8 cm (lados) y 1 rectángulo de 30 × 8 cm (fondo). Después del primer corte, repasarlos todos para eliminar posibles irregularidades; a continuación, repasar con el papel de lija todas las partes.

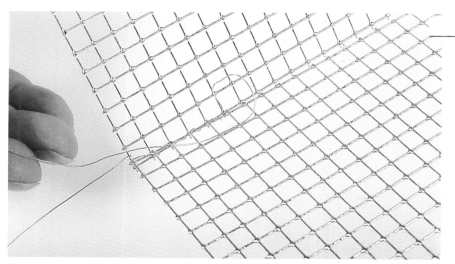

2 Unir todas las partes con el hilo de zinc, introduciéndolo por los cuadraditos. Pasar el hilo varias veces por ellos. Cuando se hayan unido todas las partes el resultado será una especie de caja.
Cortar la lámina de plástico con las medidas indicadas para la red y coserlo con el hilo de nailon y pequeños puntos de cordoncillo, o a máquina con punto zigzag.

3 Para adornar el bolso, aplicar las flores de seda y las cuentas de madera usando la pistola de silicona. Para hacer las asas del bolso se corta el tubito de vinilo en dos partes y se cosen con hilo de zinc.

Reflejos de metal

Pequeños bolsos de bandolera con adornos de strass para brillar sin límite, bolsitos para llevar con total naturalidad, como si fuesen joyas, donde se han resaltado los contrastes de los metales.

MATERIALES

CON MALLA DE METAL
- Malla de alambre
- Hilo de alambre del n.° 40 y de color amarillo y lila del n.° 60
- Cuentas amarillas y lilas
- Unos 10 m de tiras de cuentas de resina (6 m de color amarillo y 4 m de color ámbar)
- Forro del mismo color
- Tenazas
- Alicates planos
- Hilo del n.° 60, hilo de plata del n.° 80
- Aguja de costura y agujas de punto del n.° 5

AMARILLO CON FLECOS
- Hilo de alambre del n.° 40 o malla de alambre
- 10 m de tiras de cuentas de resina de color amarillo (5, 8, 10, 12, 14 y 18 cm de diámetro)
- 3 cuentas en tiras de 62 cm de largo
- Forro del mismo color (22 × 26 cm)

- 2 ganchos (1 × 15 cm)
- Tenazas
- Alicates planos
- Aguja de costura, agujas de punto del n.° 7
- Hilo de color amarillo, dedal.

HILOS CON STRASS
- 1 carrete de hilo de zinc del n.° 40
- 1 carrete de hilo de plata del n.° 80
- 20 strass, forro, hilo
- Agujas, tenazas, alicates, dedal

CUADRADOS Y CUENTAS AMARILLAS
- 56 cuentas de color amarillo, agujas de punto del n.° 5
- 2 carretes de hilo amarillo del n.° 4
- Forro amarillo
- 5 m de tiras de cuentas de resina de color amarillo
- Aguja, tijeras, dedal, hilo amarillo

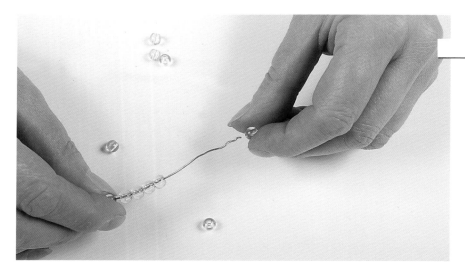

CON MALLA DE METAL

1 *Hacer a punto de cordón o con una malla de alambre un rectángulo de 15 × 26 cm y dos tiras de 3 × 13 cm. Doblar el rectángulo y coser las dos tiras a las dos partes cortas del rectángulo con el hilo de plata para hacer los fuelles. Ensartar en un hilo del n.º 60 las cuentas que sean necesarias para cubrir los bordes del bolso.*

2 *Para las asas del bolso ensartar 67 cuentas en hilo del n.º 60 (utilizar más si se prefieren unas asas más grandes), y, con la ayuda de los alicates planos, engancharlas a la estructura del bolso. Para finalizar, realizar el forro de unos 25 × 15 cm, que debe ser un poco más grande que el bolso para darle suavidad. Coserlo al bolso con hilo del mismo color.*

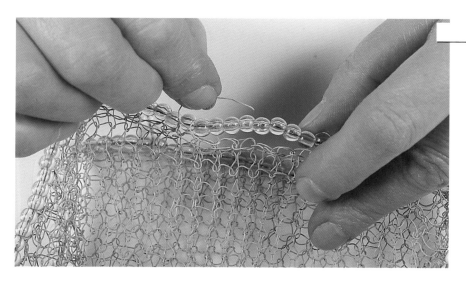

3 *Para decorar el bolso se pueden coser unos flecos de cuentas. Fijar los flecos obtenidos a los bordes del bolso haciendo pasar el hilo entre una cuenta y otra por los flecos mismos, y al final retorcer los hilos y cortarlos con las tenazas. Esta costura se ha realizado con hilo del n.º 40.*

AMARILLO CON FLECOS

1 *Cortar una malla de alambre de 20 × 40 cm. Doblar el rectángulo y coser los dos laterales con el mismo hilo. Enrollar una tira de cuentas por la parte superior del bolso con el hilo de alambre.*
Para enganchar los flecos, desde abajo, empezar con el tamaño más grande y continuar hacia arriba con los más pequeños, dejando 3 cm de malla vacía entre una fila y otra de flecos.

2 *Cortar para la bandolera tres trozos de 62 cm de tiras de cuentas y coserlas entre sí con hilo de costura y unirlas con el hilo de alambre al bolso.*
Hacer un forro del mismo color con un tamaño de 22 × 26 cm y dos cordoncitos de 1 × 15 cm para el cierre (las dimensiones se indican con respecto a la labor terminada, por lo que deben calcularse las costuras).

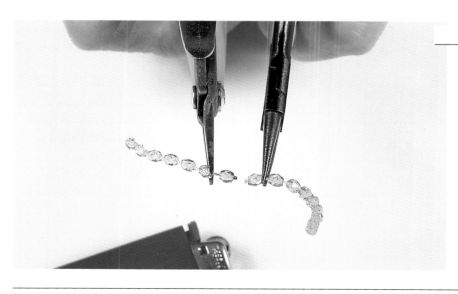

3 *Cortar para la bandolera tres trozos de 62 cm de tiras de cuentas y coserlas entre sí con hilo de costura, unirlas con el hilo de alambre al bolso.*
Hacer un forro del mismo color de 22 × 26 cm y dos cordoncitos de 1 × 15 cm para el cierre (las dimensiones se indican con respecto a la labor terminada, por lo que deben calcularse las costuras).

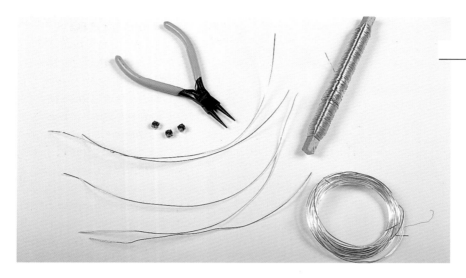

HILOS CON STRASS

1 *Cortar con las tenazas cuatro trozos con un largo de 16 cm del hilo de plata del n.º 80.*

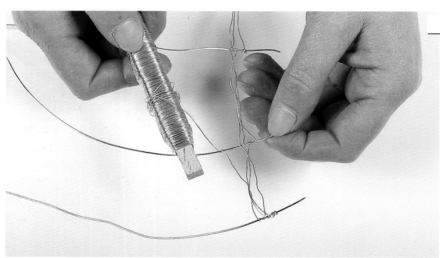

2 *Con el hilo del n.º 40, dar un par de vueltas alrededor del primer hilo que llamaremos polo, dejando un par de centímetros vacíos; sacar del hilo unos 7 cm y colocar el segundo polo donde se realizarán los enrollamientos. Después de 9 cm, colocar un nuevo polo y enrollar el hilo alrededor del mismo; después de 7 cm colocar un nuevo polo.*

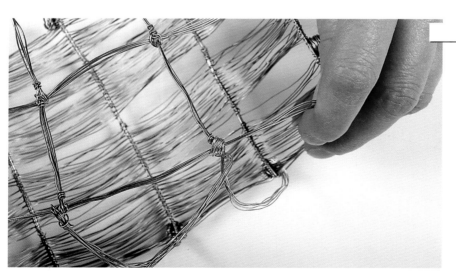

3 *Repetir la operación creando unas asas de ida y vuelta y dejando un espacio de 1 cm entre los grupos de hilos. Doblar hacia el interior del bolso la parte del polo que ha quedado vacía, creando las asas. Enganchar por el revés y el fondo el final de las asas entre los hilos laterales del bolso; cruzar los hilos creando cuadraditos y pasar muchas veces por los mismos espacios.*

4 En la parte superior, volver a pasar en 2 strass el hilo para formar un asa con un largo de 25 cm; para dar sujeción, repasar todos los hilos uniéndolos. Cortar el hilo y entrecruzarlo para esconderlo entre los puntos. Para el forro, cortar un rectángulo de 39 × 11 cm y un óvalo de 16 × 9 cm (medidas del trabajo finalizado) y, con pequeños puntos, coserlo al bolso con hilo del mismo color.

5 Coser con el hilo de alambre los strass en los espacios vacíos; éstos tienen que montarse sobre un engarce agujereado como si fuesen botones. Una vez enganchados, volver a pasar el hilo alrededor de la base, formando un nido para sujetarlos y crear a la vez un adorno. Cortar el hilo y continuar enganchándolos.

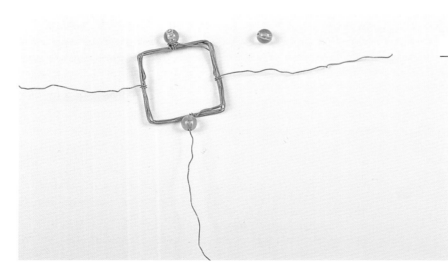

CUADRADOS AMARILLOS

1 *Realizar 27 cuadrados de 4-6 cm de lado con 10 hilos para enrollar (se puede hacer un molde con un cartón). En un lado de cada cuadrado enganchar una cuenta y dejar en los otros una parte del hilo. Para unir los primeros dos cuadrados, ensartar una cuenta en el hilo que enganchará el primer cuadrado.*

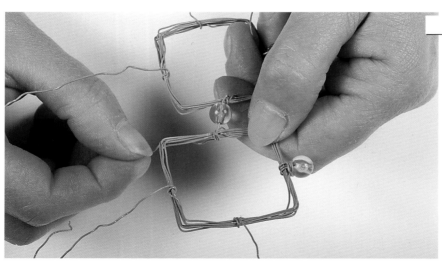

2 *Enrollar el hilo a la base de la cuenta en el primer cuadrado, y a la atadura de la cuenta, en el segundo.*

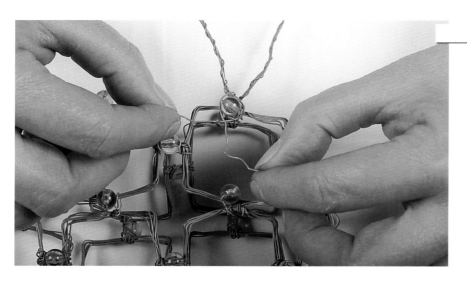

3 *Repetir toda la operación, enganchando entre sí los cuadrados con la ayuda de las cuentas, fijándolos con el hilo según se ha indicado.*

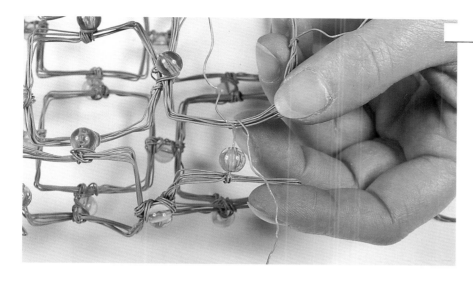

4 Al final de esta fase resultarán: dos caras con tres cuadrados por tres cuadraditos unidos entre sí.

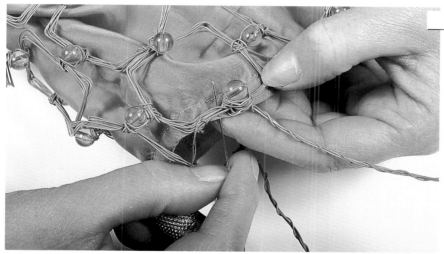

5 Coser cada cuadrado de 9 cuadraditos al exterior del bolso formando así el fuelle y la base. Recortar de la tela de forro un saquito de 33 × 18 cm más dos tiras de 1 × 15 cm para el cierre (medidas del trabajo finalizado). Coser el forro y las tiras al bolso, entrando con la aguja entre las vueltas de los hilos metálicos.

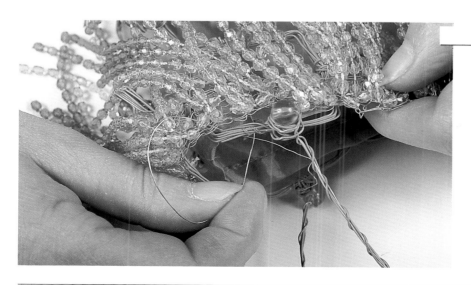

6 Realizar las asas usando el sistema ilustrado para el bolso anterior. Hacer unos flecos de unos 4 cm de largo, con respecto a la altura del bolso, usando hilo metálico y agujas del n.º 5, y ensartar a ellos las cuentas. Los flecos de cuentas que adornan el bolso son opcionales; si se desea puede dejarse sólo con los cuadrados.

Bolsitos de bandolera

Están decorados con cuentas y tienen un aspecto sofisticado, de reflejos brillantes, pero pueden llevarse incluso de día y, además, se hacen en poco tiempo, en apenas unas cuatro horas. Si se realizan en diferentes colores se podrán combinar con todo el vestuario.

MATERIALES

- 40 m de tiras de cuentas de resina
- Tubito de vinilo
- Forro del mismo color según el modelo
- Agujas de punto del n.° 7
- Hilo del mismo color

1 *Tejer un rectángulo con las agujas del n.º 7 y las cuentas, realizando 17 puntos y trabajando a punto derecho, en el derecho, unos 30 cm. Tejer los puntos sin cortar el hilo. Doblar en dos el tejido y, con las cuentas que queden, coser el lado del bolso, pasando entre los bordes de la malla alternando los puntos; calentar las cuentas para soldarlas.*

2 *A continuación, cortar el hilo que sobre que servirá para el otro lado. Cortar el forro, a un tamaño ligeramente mayor, más largo y ancho que el tejido obtenido, ya que la malla tiende a ceder. Coserlo con pequeños pespuntes al bolso.*

3 *Enganchar las asas del bolso entre las tiras de las cuentas tejidas.*

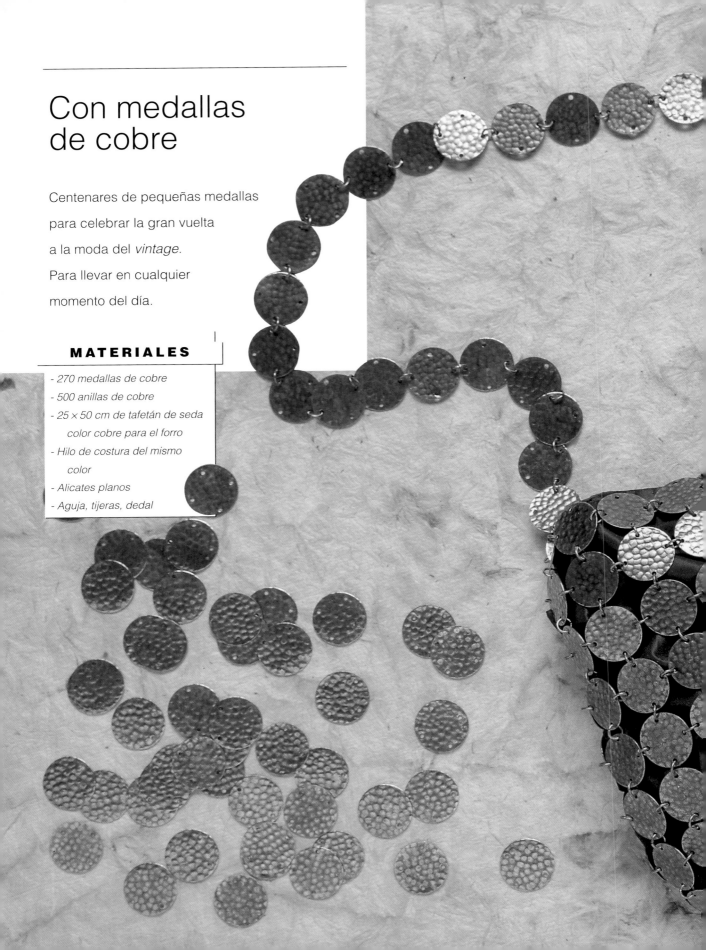

Con medallas de cobre

Centenares de pequeñas medallas para celebrar la gran vuelta a la moda del *vintage*. Para llevar en cualquier momento del día.

MATERIALES

- 270 medallas de cobre
- 500 anillas de cobre
- 25 × 50 cm de tafetán de seda color cobre para el forro
- Hilo de costura del mismo color
- Alicates planos
- Aguja, tijeras, dedal

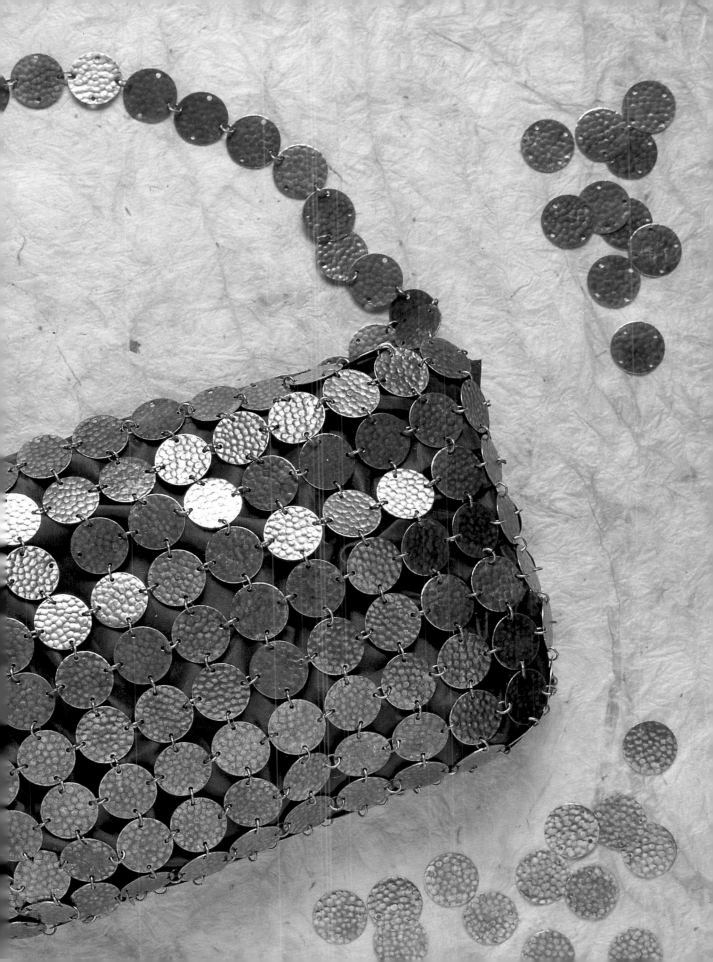

1 | *Colocar sobre la superficie de trabajo todos los elementos para la realización del bolso. Con los alicates planos, abrir las anillas formando ganchos.*

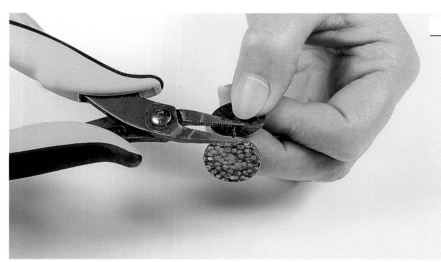

2 | *Insertar los ganchos entre las medallas y volver a cerrar las anillas con los alicates planos. De este modo, formar una tira de 19 medallas y de 18 anillas.*

3 | *Realizar un rectángulo compuesto por diez tiras de medallas, todas enganchadas entre sí de la misma forma. Hacer dos rectángulos formados por tres filas de ocho medallas.*

4 Enganchar los dos rectángulos pequeños al rectángulo principal, a la altura de las tres medallas centrales, en los dos lados largos.

Unir entre sí los lados de las cuatro esquinas así formadas, utilizando los huecos que han quedado libres. Realizar de esta forma el cierre del bolso de malla metálica.

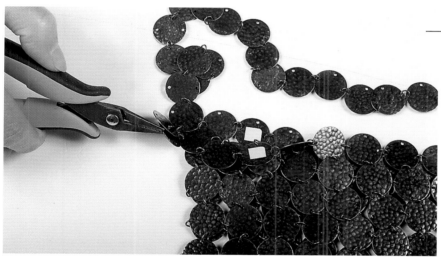

5 Ensamblar una fila de anillas hasta conseguir el largo deseado para la bandolera, que deberá engancharse al mismo bolso.

6 Cortar el forro y coserlo con forma de saco con pequeñas puntadas y pasando con la aguja a través de los huecos de las medallas.

Para una ocasión especial

Pequeños bolsos refinados, de tonos satinados, realizados a mano, con un juego de perlas de dos tamaños. Pequeñas joyas mezclando el *vintage* con la última moda.

MATERIALES

- Perlas satinadas de 4 y 8 cm de diámetro
- Hilo de nailon del n.° 25
- Hilo de acero del n.° 40
- 2 chafas
- Alicates cónicos

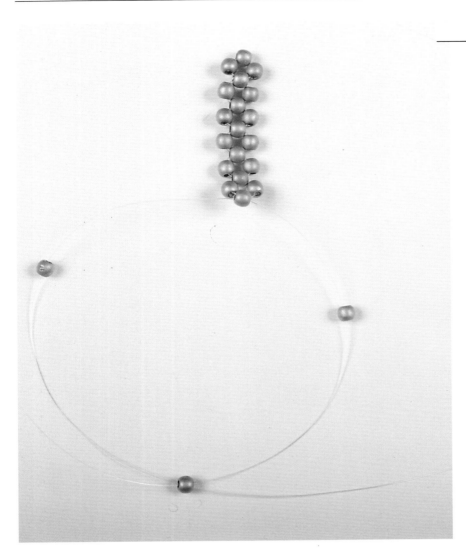

1 En hilo de nailon del n.º 25, ensartar cuatro perlas de 4 cm de diámetro, llevar las perlas al centro del hilo y cruzar los hilos en la perla central: se formará así un cuadrado. Continuar ensartando dos perlas en el hilo de la izquierda y una en el hilo de la derecha, cruzar el hilo de la derecha con el hilo que lleva las dos perlas. Repetir la operación hasta obtener un largo de 15 cm, cerrar en forma de anillo y continuar trabajando siempre en redondo unos 4 cm.

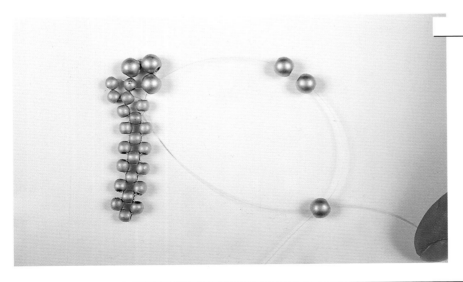

2 Proseguir con la elaboración en redondo cambiando las perlas (ensartando después las perlas con un diámetro de 8 cm) y continuar unos 15 cm de trabajo. Si es necesario hacer uniones durante la elaboración, emplear nudos planos.

3 Una vez llegados al final del trabajo, coger un nuevo hilo para unir las dos partes, pasar los dos extremos de las dos partes finales de las vueltas entre las perlas, ensartar el hilo a través de la primera cuenta a la base del bolso, ensartar dos perlas a la izquierda y una a la derecha y cruzar los hilos para formar un primer anillo.

4 Después, hacer pasar los hilos entre las perlas siguientes; en uno de los dos hilos ensartar una perla y, en ésta, cruzar los hilos. Continuar hasta coser todo el fondo del bolso.

5 Con la técnica inicial y las perlas pequeñas, realizar un asa en la parte alta del bolso y cerrarla sobre sí misma con puntos planos. Para la bandolera, ensartar en el hilo de acero perlas pequeñas y grandes alternándolas; una vez conseguido el largo deseado, engancharla al asa cerrando los hilos con una chafa.

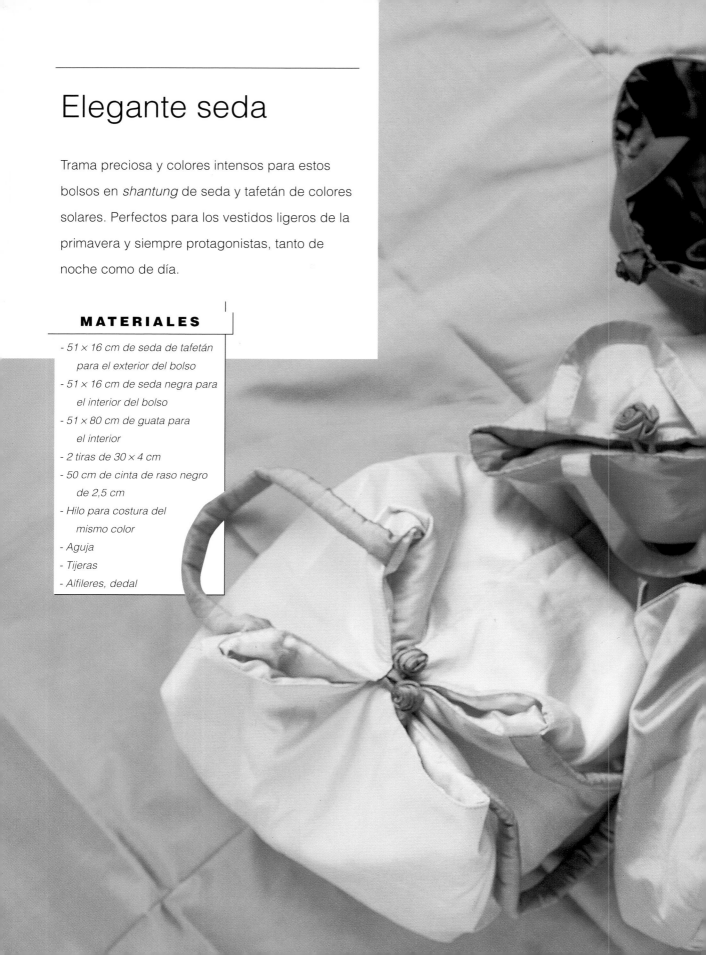

Elegante seda

Trama preciosa y colores intensos para estos bolsos en *shantung* de seda y tafetán de colores solares. Perfectos para los vestidos ligeros de la primavera y siempre protagonistas, tanto de noche como de día.

MATERIALES

- 51 × 16 cm de seda de tafetán para el exterior del bolso
- 51 × 16 cm de seda negra para el interior del bolso
- 51 × 80 cm de guata para el interior
- 2 tiras de 30 × 4 cm
- 50 cm de cinta de raso negro de 2,5 cm
- Hilo para costura del mismo color
- Aguja
- Tijeras
- Alfileres, dedal

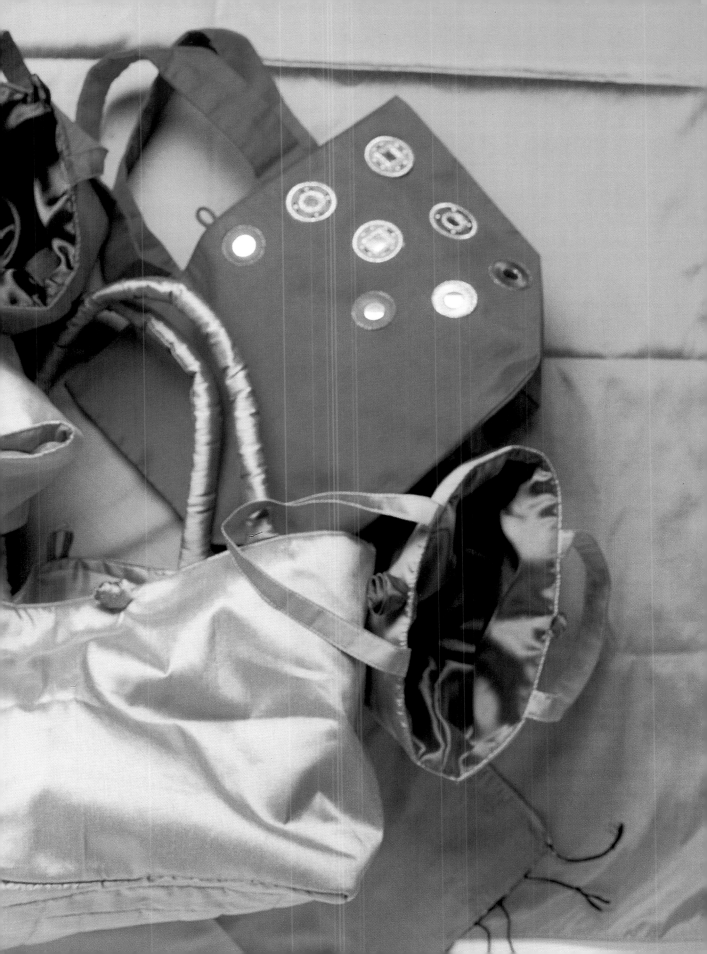

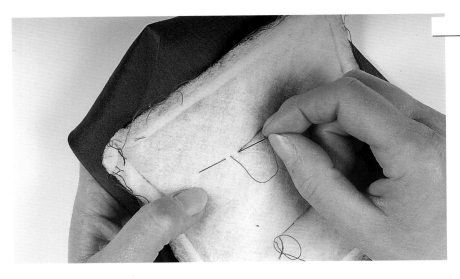

1 | Cortar un rectángulo de tela y uno de guata de unos 51 × 16 cm, dos cuadrados de tela y de guata de 14 × 14 cm. Hilvanar el rectángulo por el lado corto y coserlo con hilo del mismo color. Hilvanar los dos cuadrados de tela y guata superpuestos. Coser el fondo del cuadrado al revés y formar un cuadrado en el centro para sujetar la guata y dar más sujeción.

2 | Cortar el forro y la guata de las mismas medidas del bolso y coserlos por todos los lados, menos en la parte superior, colocando la parte con guata en el interior. Hay que tener cuidado para que no se formen arrugas.

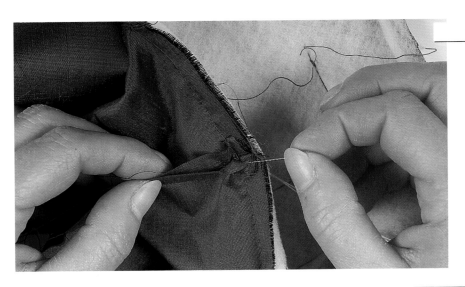

3 | Para fijar los dos forros a la costura externa del bolso, coser con pequeños puntos creando una especie de abertura para sujetar el relleno y el forro con un punto fijo.

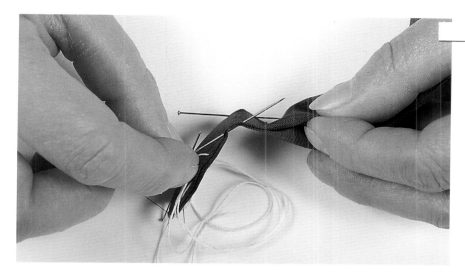

4 De la tela que quede, cortar dos tiras con un largo de 30 cm y ancho de 4 cm para las asas. Después de haber planchado la tira doble, hilvanarla doblando hacia el interior medio centímetro de tela en cada parte. Coser luego con pespuntes las dos tiras.

5 Colocar en la parte superior del bolso las asas pasando entre los dos forros y el derecho del bolso; después, coser bien la parte superior del bolso, de forma que queden ocultas.

6 Con la cinta de raso, realizar una rosa compacta y coserla entre las dos asas en forma de cierre. La variante grande prevé un cuadrado de 24 × 24 cm, un rectángulo de 90 × 24 cm y las asas de 47 × 2,5 cm. El proceso de realización es el mismo que para el bolso pequeño.

Matices tornasolados

Coquetos bolsos en tonalidades pastel.
LLamativos por sus asas de cristal y los
nudos de seda. Pueden llevarse con
gran desenvoltura incluso con unos
vaqueros.

MATERIALES

- 20 × 17 cm de organza
  de colores brillantes
- 8 - 10 cuentas de cristal
- Hilo de seda del mismo color
  del bolso
- 20 × 17 cm de forro
  del mismo color
- 20 × 17 cm de guata
- Hilo de costura
  del mismo color
- Agujas
- Dedal
- Tijeras

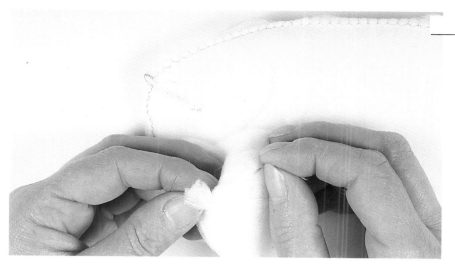

1 Cortar la guata, el forro y el tejido en las medidas indicadas (si se desea un bolso más grande, ensanchar y alargar las medidas). Después de haber hilvanado los dos lados y el fondo del bolso, hacer un triángulo en los lados inferiores para dar profundidad al bolso.

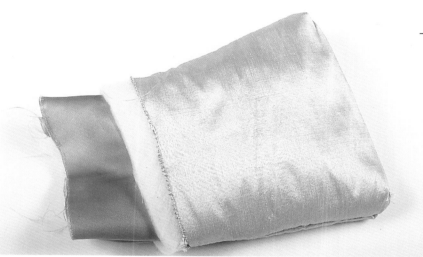

2 Coser la parte externa en todos los lados y crear también en ésta un triángulo en el fondo. Insertar el forro y la guata y coser las tres partes por el lado superior, doblando hacia el interior los tejidos. Hilvanar y coser dejando abiertas las ranuras para las asas.

3 Cortar tantos hilos de seda como pasen a través de los huecos de las cuentas de cristal; dejar un par de centímetros, hacer un nudo, ensartar una cuenta de cristal, hacer un nudo para bloquearlo y continuar ensartando cuentas y haciendo nudos en el largo deseado.
Por último, se insertan las asas en el interior del tejido y se cosen al bolso.

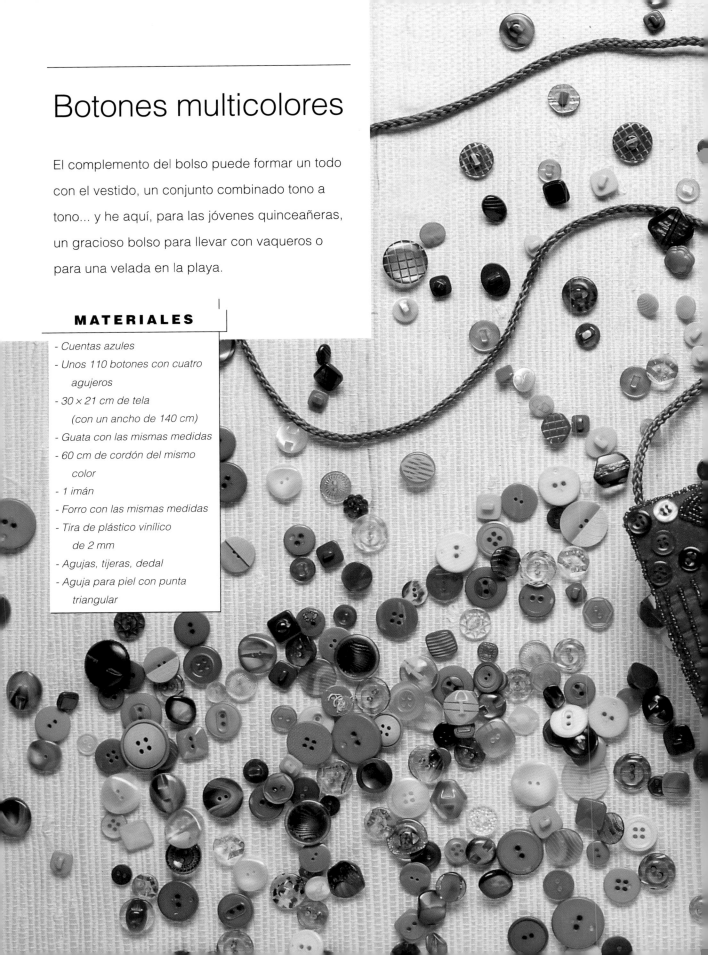

Botones multicolores

El complemento del bolso puede formar un todo con el vestido, un conjunto combinado tono a tono... y he aquí, para las jóvenes quinceañeras, un gracioso bolso para llevar con vaqueros o para una velada en la playa.

MATERIALES

- Cuentas azules
- Unos 110 botones con cuatro agujeros
- 30 × 21 cm de tela (con un ancho de 140 cm)
- Guata con las mismas medidas
- 60 cm de cordón del mismo color
- 1 imán
- Forro con las mismas medidas
- Tira de plástico vinílico de 2 mm
- Agujas, tijeras, dedal
- Aguja para piel con punta triangular

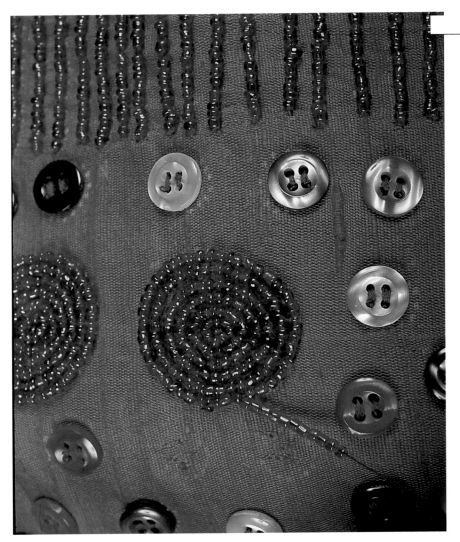

1 *Cortar del tejido dos rectángulos de 20 × 30 cm y una tira de 70 × 6 cm para los lados y el fondo del bolso. Con las mismas medidas, cortar el forro, y un pequeño rectángulo de 15 × 10 cm para el bolsillo interior; la tira de plástico de 70 × 6 cm para el fondo y los laterales del bolso y dos tiras de 4 × 30 cm para la parte alta del bolso. Confeccionar el bolso con todas sus partes, colocando la guata entre éstas, y el forro y la parte delantera de la misma tira rígida. Para darle consistencia, sujetar bien con unos puntos todas las partes. Señalar en el derecho dónde colocar los botones, luego comenzar a bordar con cuentas, creando redondeles. Deben sujetarse bien las vueltas de las cuentas en el tejido.*

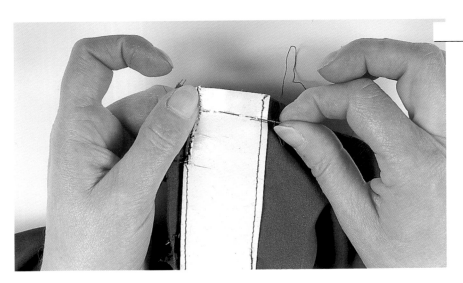

2 *Coser en la parte superior del bolso el material endurecedor, cortado a medida, utilizando una aguja de punta triangular (aguja para pieles).*

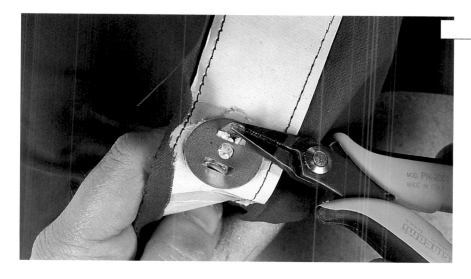

3 Introducir, en los dos lados, el redondel de soporte del imán y levantar las aletas para sujetarlo al tejido.

4 Coser el bolsillo interno al forro y fijar éste con pespuntes en la parte superior. Coser con pespuntes en el interior para tener sujeto el forro, especialmente donde hay soportes rígidos.

5 Terminar cosiendo los botones y creando a la vez motivos decorativos. Decorar rematando los bordes del bolso con cuentas de cristal.

Sólo jeans

Muy de moda, el bolso vaquero adornado de las formas más variadas, con graffitis como un cuadro de Kandisky o, simplemente, con strass. Perfecto para todas las ocasiones, adecuado tanto para la mujer como para la jovencita.

MATERIALES

- Vaqueros
- Cremallera con strass
- Strass para planchar
- Pinturas para telas
- Espejitos
- Agujas
- Alfileres
- Forro
- Dedal
- Tijeras
- Hilo para costura de los números 30 y 50
- Hilo de hilvanar

1 Para estos bolsos se utilizan unos vaqueros de la talla 42. Descoser los pantalones y ensancharlos, luego volverlos a coser. Podrán obtenerse las siguientes medidas: 40 cm de alto, 49 cm de bajo, 30 cm de ancho, una tira de 90 × 9 cm para el fondo y parte de los lados, una tira de 86 × 4 cm para la bandolera y dos tiras de 60 × 3 cm para la cremallera.

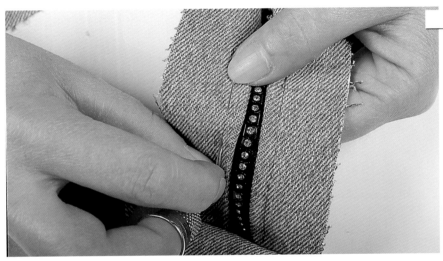

2 Sobre las tiras de 60 cm y con un ancho de 3 cm, hilvanar y luego coser la cremallera con el hilo del n.º 30; cortar de arriba abajo las esquinas del pantalón, dando una forma redondeada.

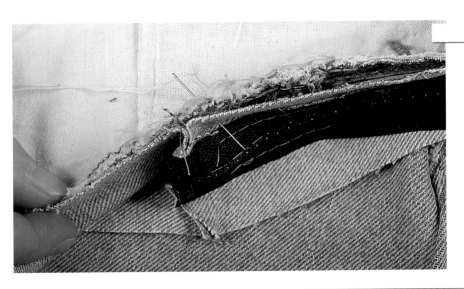

3 La tira superior, donde se va a coser la cremallera, hay que hilvanarla de delante hacia atrás del bolso. Coserla bien con el hilo del n.º 30.

1 *Coser en los lados y en el fondo del bolso una tira con un largo de 90 cm y un ancho de 9 cm, dándole a la parte baja la adecuada redondez.*

2 *Fijar la tira para la bandolera y las asas cosiéndolas bien; mejor si es a máquina. Cortar el forro y después aplicarlo al bolso.*

3 *Recortar las plantillas y señalar con un rotulador los bordes de los vaqueros, creando un motivo. Rellenar los espacios creados con las pinturas para telas. Finalmente, aplicar los espejitos y los strass con la plancha, sin usar el vapor. Dejar secar las pinturas durante una noche.*

Damascos
y cristales

Tramas preciosas, tejidos estampados,
bordados con cuentas... bolsos encuadrados
o suaves, un poco retro, algunos de gran
capacidad, para un *look* elegante
y deportivo a la vez.

MATERIALES

- 33 × 67 cm de tejido de seda
  según gusto
- 2 tiras de 50 × 4 cm de seda
- 10 cuentas de cristal
- 2 m de cola de ratón
- 35 × 70 cm de forro
- 35 × 70 cm de guata
- Hilo de costura
- Agujas, tijeras, dedal

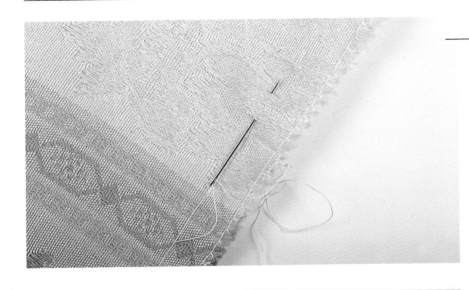

1 Cortar los tres tejidos con las medidas de 33 × 67 cm; así obtendremos el tejido externo, la guata y el forro. Hilvanar la tela de los dos lados cortos del bolso (los lados).

2 Trabajando por el revés, crear un triángulo en los dos lados inferiores que servirá para dar profundidad al bolso. Para el interior del bolso hay que hilvanar la guata al forro, coserla por los lados y crear dos triángulos en el fondo, con la misma profundidad del bolso. Manteniendo el bolso por el derecho, insertar el forro, teniendo cuidado al colocar la guata en el interior del mismo; así el forro actuará de protección.

En la parte superior, doblar hacia dentro la tela $\frac{1}{2}$ cm e hilvanarla. Repetir la operación también con el forro. Unir las dos partes con pequeños pespuntes, dejando a ambos lados las aberturas para las asas.

3 | *Coser las dos tiras con pequeños puntos, doblarlas por la mitad y darles la vuelta medio centímetro hacia el interior del tejido para obtener las dos asas.*

4 | *Una vez confeccionado y cosido el bolso, fijar en correspondencia con la apertura 2 cm de tela hacia el interior para formar una especie de suelo que dará profundidad al bolso.*

5 | *Insertar en los agujeros de las asas cuatro trocitos de cola de ratón, en los cuales deberán haberse enhebrado cinco cristales. Crear a la mitad dos ganchos que servirán para enganchar las asas y que se coserán con pespuntes. Insertar los hilos que queden en el interior del bolso, entre el forro y el derecho. Decorar el exterior con bordados con cuentas.*

Bolsos *vintage*

La moda nos enseña a crear un estilo propio
un poco *vintage,* un poco nuevo, mezclando
formas, colores y materiales. Nacen así estos
simpáticos bolsitos con forma de cubo
de terciopelo y pasamanerías.

MATERIALES

- *38 × 62 cm de terciopelo*
- *1 disco de terciopelo de 8 cm*
  de diámetro
- *Forro a medida*
- *Pasamanerías con un largo de*
  62 cm
- *Hilo de costura*
- *2,20 m de cordoncillo del*
  mismo color de la tela
- *Aguja*
- *Dedal*
- *Tijeras*

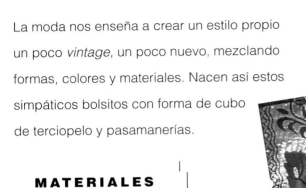

1 *Hilvanar a lo largo del tejido toda la pasamanería colocada según gusto y coserla a mano o a máquina.*

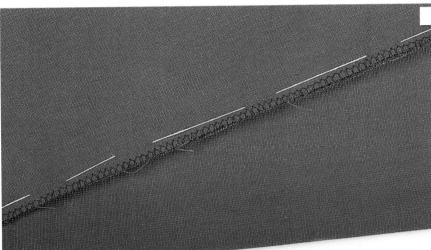

2 *Realizar la costura lateral del rectángulo después de haber rehilado el tejido para que no se deshilache.*

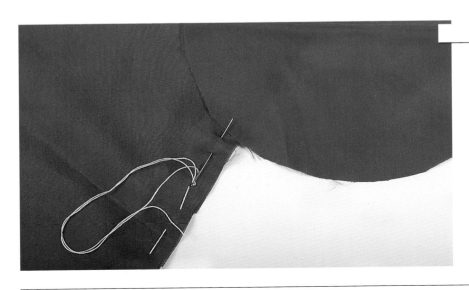

3 *Del tejido que haya sobrado, cortar un disco de 19 cm de diámetro (comprar siempre, si es posible, tejidos de doble ancho).*

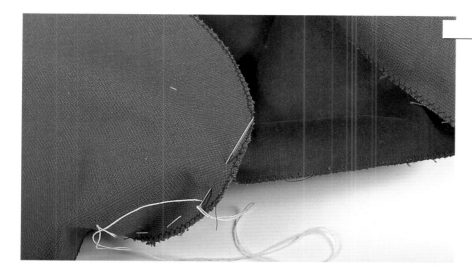

4 | A continuación, coser el fondo del cubo al bolso; para facilitar la operación hacer rotar el rectángulo.

5 | Cortar el forro con las mismas medidas e insertarlo en el interior del saquito.

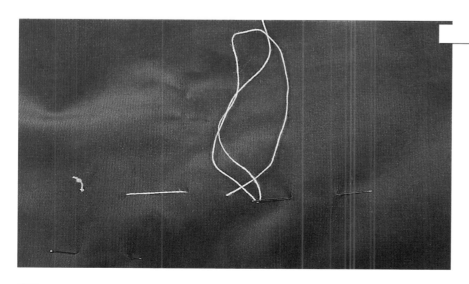

6 | Doblar el dobladillo de 8 cm e hilvanarlo; hacer una primera costura y, a 2 cm de ella, hacer una segunda. Realizar una pequeña abertura en los dos lados y trabajar a cordoncillo para rematar los hilos. Cortar el hilván y hacer pasar por el interior los cordoncillos del cierre.

Románticos

Un himno a la feminidad; estos bolsos
románticos dedicados a una mujer elegante,
enteramente bordados a mano, con
cuentas venecianas, eligiendo cálidas
tonalidades suaves.

MATERIALES

- Brocados con decoraciones
  florales
- Cuentas venecianas en los
  mismos colores
- Tejidos de seda: 50 × 70 cm
  de tela para el bolso; 80
  × 40 cm para las asas
- Lampazo
- Terciopelo para rematar
  los bordes
- Forros
- Agujas para ensartar
  cuentas del n.º 12
- Aguja de costura
- Hilo de costura
- Tijeras, dedal

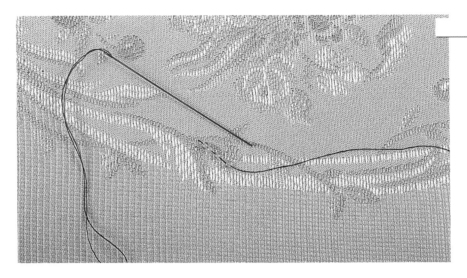

1 *Una vez encontrada la combinación más acertada entre tejido y estampado, elegir las cuentas de los colores más apropiados y coserlas, rellenando a placer el estampado.*

2 *Hilvanar por el revés todo el bolso y coser después, con pequeños pespuntes, el fondo y la parte posterior, haciendo coincidir los motivos.*

3 *Cortar dos tiras con un ancho de 4 cm y un largo de 40 cm; coserlas por el revés, darles la vuelta por el derecho, presionarlas con la plancha y hacer en los bordes unos puntos largos de pespunte.*

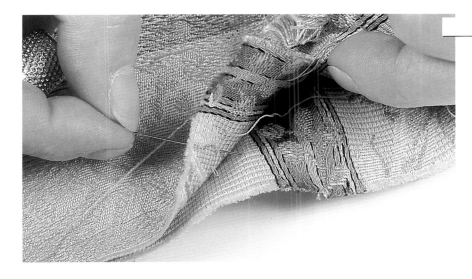

4 Dar la vuelta al revés a la parte superior del bolso, creando un dobladillo plano con un ancho de un centímetro.

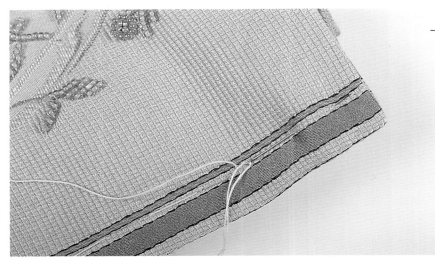

5 Una vez cosido todo el bolso, hacer un pespunte en los lados a unos 2-3 cm del borde, a lo largo de todos los lados; utilizar para esta costura, hilo del mismo color.

6 En la parte superior del bolso, insertar las asas y coserlas muy bien Por último, realizar el forro con idénticas medidas. Fijarlo al interior del bolso con puntos escondidos.

Encajes y lentejuelas

En el fondo de armario femenino no puede faltar
jamás un bolso de encaje; mucho mejor si,
como en nuestro ejemplo, está bordado
con cuentas y lentejuelas. Será realmentte
perfecto para una velada elegante.

MATERIALES

- 30 × 22 cm de encaje pesado
  de color rubí
- Lentejuelas de color rubí
- Canutillos de vidrio en color
  rubí brillante
- 60 cm de cordón
- Hilo de costura del n.° 50
- 60 cm de cinta del mismo color
  con un ancho de 2 cm
- Tijeras, aguja, dedal

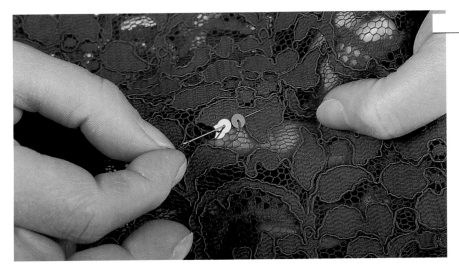

1 _Recortar el patrón del bolso (acabado debe medir 25 × 21 cm). Cortar también con la misma medida el forro interior. Con las lentejuelas del mismo color, bordar todos los bordes de los huecos. Ensartar en el revés una lentejuela y coserla a pespunte, coger otra, salir con la aguja por el agujerito y volver a entrar en la lentejuela siguiente._

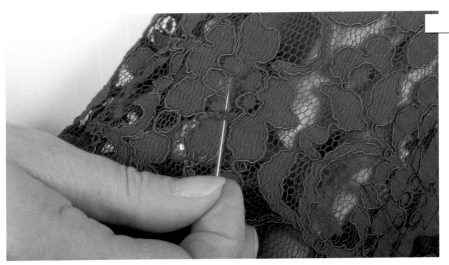

2 _Bordar los espacios de los pétalos con cuentas, salir con el hilo por el derecho del encaje, ensartar varias cuentas, llevarlas al derecho y sujetarlas al tejido con unos puntos entre una cuenta y otra._

3 _Hilvanar el forro y el tejido por todos los lados y darle la vuelta por arriba a 2 cm de tejido, aproximadamente, para el dobladillo._

4 *En el fondo del bolso, hilvanar por el revés del forro y del encaje dos triangulitos; éstos darán profundidad al mismo.*

5 *Hay que coser un dobladillo en la parte superior del forro usando pequeños puntos y dejando libres los dos espacios de las asas.*

6 *Para finalizar, coser el cordón al bolso realizando así las asas, mientras que la cinta deberá usarse como cierre.*

Cubitos y bandoleras
para cada ocasión

Terciopelo negro, como negras son las rosas
transparentes de organza, muy de moda.
Una refinada solución para adornar bolsos y
bolsitos de bandolera y bolsos con forma de cubo.

MATERIALES

- *30 × 140 cm de terciopelo*
    negro
- *30 × 140 cm de forro*
- *20 × 140 cm de organza*
- *30 cm de guata fina*
- *1 cremallera de 12 cm*
- *90 cm de cordón*
- *Hilo de costura*
- *Pistola de silicona*
- *Tijeras, aguja,*
    dedal

1 Recortar un disco de 20 cm de terciopelo, de forro y de guata.

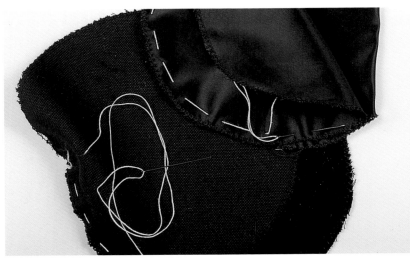

2 Hilvanar la guata cortada al forro y llevarla sobre el terciopelo, hilvanando ahora los tres tejidos juntos. Coserlos por el revés con pequeños puntos de manera que queden unidos sin formar arrugas.

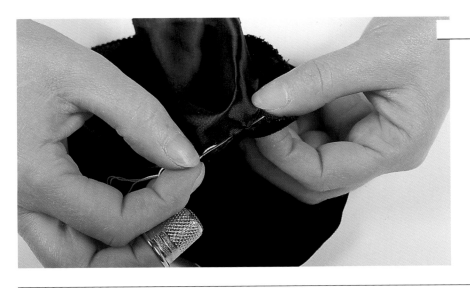

3 Dar la vuelta al derecho y coser los bordes por el interior utilizando puntos invisibles.

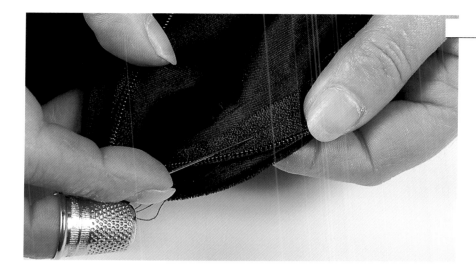

4 Colocar la cremallera en la parte alta del bolso, dejándole una abertura de unos 12 cm.

5 Con la pistola de silicona, pegar las rosas al bolso cubriendo toda la superficie.

6 Finalmente, coser el cordón para la bandolera y fijar un botón de cuentas a la cremallera como adorno.

Fieltro, última moda

El fieltro vuelve de nuevo a estar de moda,
después de años de olvido, imponiéndose
como elemento *trendy* también en los bolsos.
Lo demuestran la *baguette* y la pequeña
bandolera, embellecidas con rosas de colores.

MATERIALES

- *30 × 80 cm de fieltro*
- *20 m de cinta con un ancho
  de 2 cm*
- *10 × 140 cm de organza
  amarilla*
- *10 × 140 cm de organza verde*
- *30 × 80 cm de forro*
- *2 tarjetitas de plástico
  (5 × 19 cm)*
- *1 imán para el cierre*
- *Hilo del mismo color*
- *Alfileres*
- *Tiza para el patrón*
- *Tijeras, aguja, dedal*

1 *Cortar respectivamente del tejido y del forro dos rectángulos de 29 × 18 cm y dos tiras de 4 × 47 cm. Empleando hilo del mismo color, rizar con un hilván toda la cinta, dejando 2 cm para las asas. Diseñar sobre el bolso el espacio para el motivo de la rosa. Con la ayuda de los alfileres, fijar la cinta al tejido, creando una especie de alfombrilla y, después, coserla con pequeños puntos sujetándola bien al tejido.*
Cortar unas tiras de organza con un largo de 12 cm y un ancho de 4 cm. Coserlas a continuación por el revés, dándoles la vuelta luego al derecho.

2 *Después de haber cubierto toda la superficie del tejido con las cintas, rellenar el espacio que se ha dejado vacío creando, con las tiras de organza, el motivo de las rosas. Con el fin de alternar tiras amarillas y verdes, seguir el diseño cosiendo con puntos largos las tiras y manteniéndolas muy suaves.*

3 Esconder las partes del final de cada pasada bajo los pétalos de la rosa ya cosidos.

4 Ensamblar el bolso y coser los dos lados. Hay que fijar, luego, el rectángulo pequeño. Coser el forro en el interior del bolso, insertando el imán de cierre y las tarjetitas rígidas (ver el procedimiento del bolso con los botones); fijar bien todo. Bordar con la cinta las asas e insertarlas en los espacios que han quedado abiertos.

Con plumas de avestruz

En las últimas colecciones, las plumas han vuelto a las pasarelas en bolsos y estolas. Los resultados son de un gran efecto según demuestra este modelo.

MATERIALES

- Plumas de avestruz
  de un ancho de 40 cm
- 32 cm de terciopelo de seda
- 20 × 15 cm de encaje
  de macramé
- Rosa de látex negro
- Cordones para las asas
  (2 × 43 cm)
- Forro a medida de nailon
  grueso y brillante
- Guata para el relleno
- Aguja de costura
- Hilo de coser del n.° 50
  y del n.° 30
- Alfileres
- Papel para el patrón
- Tijeras
- Velcro (10 cm)
- Hilo de hilvanar
- Dedal
- Pistola de silicona caliente

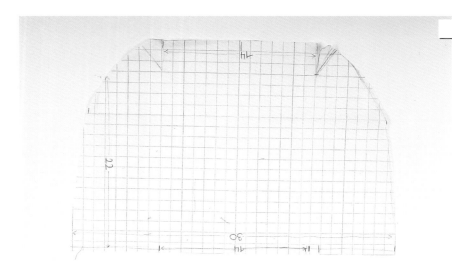

1 En el modelo de papel, cortar todos los trozos de los diferentes tejidos, señalando las medidas indicadas.

2 Ensamblar juntos los tejidos, forro, guata, terciopelo y encaje; hilvanarlos formando en el fondo los triángulos, según viene indicado en el patrón. Repetir también por la parte posterior del bolso sin insertar el encaje. Después de haber hilvanado las dos partes por el revés, coser con puntadas pequeñas con el hilo del n.º 30, más grueso. Dar la vuelta al bolso al derecho.

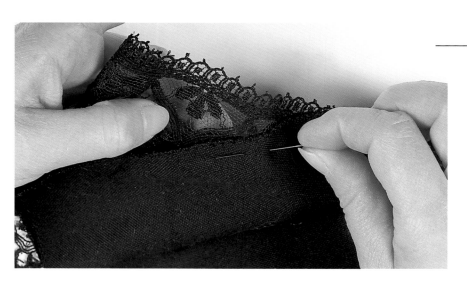

3 Aplicar el encaje al bolso en la parte superior con el hilo del n.º 50 (más fino), haciendo los puntos escondidos entre el encaje.

4 A continuación, fijar los dos cordones para formar las asas, cosiéndolas bien entre el tejido.

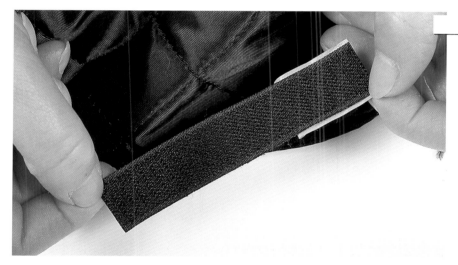

5 Aplicar el velcro adhesivo en los dos lados del bolso como cierre.

6 Coser las plumas de avestruz en el lado superior del bolso. Fijar, finalmente, la rosa de látex negro con la pistola de silicona caliente.

Todo piel

Piel de oveja rizada, visones rasos, marta cebellina, caracul, zorro negro, preciadas plumas de urogallo, son las últimas tendencias en la moda para la próxima temporada. Materiales verdaderamente exclusivos que convierten en rebuscados a estos pequeños bolsos de líneas sencillas.

MATERIALES

- Terciopelo en diferentes medidas
- Cremalleras de varios tamaños
- Forro a medida
- Guata a medida
- Hilos del mismo color
- Piel (visón raso, marta cebellina, zorro, piel de oveja rizada, caracul)
- Plumas de urogallo
- Cúter
- Rotulador para piel
- Plantilla de cartón
- Cremallera de 20 cm
- Cordones para las bandoleras
- Cierre con asas
- Cartoncillo rígido
- Aguja para piel
- Lápiz de cera
- Tijeras, dedal

BOLSITO ROSA

1 Cortar el terciopelo y marcarlo en función del cierre. Cortar también a medida el forro. Con el lápiz de cera, dibujar por el revés del pelo la silueta de los pétalos de la flor, utilizando las plantillas.

2 Con el cúter adecuado, recortar los pétalos de la flor; en este caso se ha utilizado visón raso, del cual hay que cortar una hojita más grande para utilizarla como ramaje. Después, con la marta cebellina clara, realizar un pequeño pompón como centro de la flor.

3 Luego, coser los pétalos al bolso por separado. Fijar el forro con puntos pequeños escondidos. Aplicar a continuación el cierre.

BANDOLERA

1 *Cortar 22 × 18 cm de terciopelo y de forro con las mismas medidas. Entre el forro y el terciopelo, colocar un cartoncito rígido de 3 × 18 cm para el fondo del mismo; hacer una bandolera con una tira de terciopelo con un largo de 40 cm y un ancho de 3 cm. Realizar el bolso con todas sus partes.*

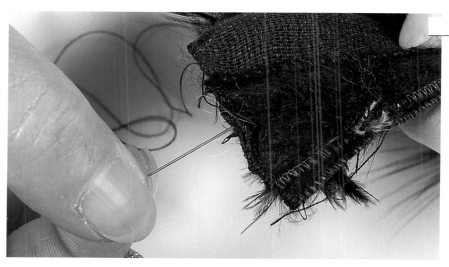

2 *Dividir las plumas del soporte. Después de haber recortado de la piel de zorro una tira de 18 × 5 cm, introducir el cúter en la piel por el revés. Meter la parte rígida de la pluma de urogallo en el corte y coserla con aguja para pieles de forma que quede bien sujeta.*

3 *Coser por el revés los dos trozos de zorro, en los dos lados cortos, y fijar con puntos escondidos el borde a la parte superior del bolso.*

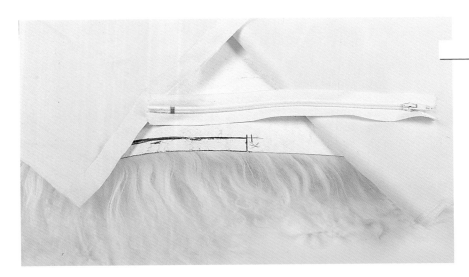

BOLSO-MANGUITO

1 *Cortar un rectángulo de 50 × 24 cm de pelo de oveja rizado; cortar con las mismas dimensiones también el forro y la guata; fijar la guata al forro con un pequeño hilván. Hacer, entre el forro y la guata, un bolsillo realizado con tela de forro.*

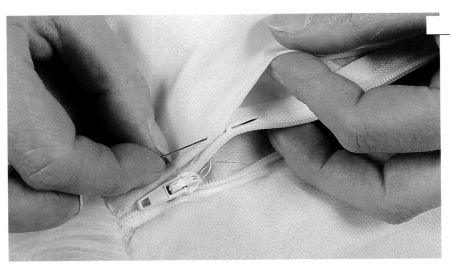

2 *Coser en los bordes superiores del bolsillo una cremallera del largo exacto. Después, aplicar al rectángulo de piel de oveja el forro que deberá fijarse con puntos pequeños.*

3 *Aplicar en los dos lados externos un cordón como bandolera. Además de ser un bolso verdaderamente gracioso, también nos calentará las manos durante los meses invernales.*

DE PIEL DE CARACUL

1 *Recortar de la piel de caracul un rectángulo del tamaño deseado; cortar con idénticas medidas su forro. Coser la piel por los tres lados y crear por el revés, con un poco de pelo, una especie de asa. Coserla fuertemente entre los lados del bolso a modo de etiqueta.*

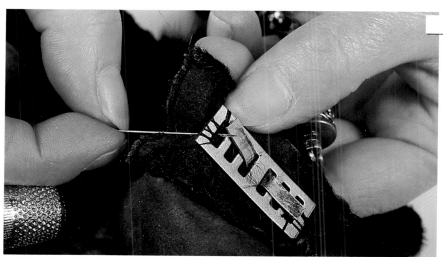

2 *En esta simulación de asa, sujetar la base del cierra-asas pasando el hilo varias veces entre los cortes del soporte. Extender bien las lengüetas del cierre pasándolas por encima del hilo.*

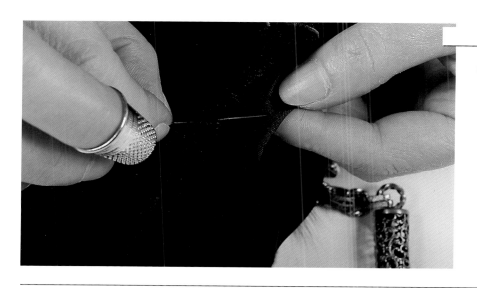

3 *Al final del trabajo, coser al bolso el forro utilizando puntos pequeños.*

Terciopelos
y damascos

Bolsos de mano, de colores fuertes o serenos, todos tienen en común la inspiración y la imaginación con la cual han sido realizados. Pueden llevarse tanto por el día como por la noche, incluso cuando muestran adornos con plumas, *strass* y bordados.

MATERIALES

- *30 × 20 cm de terciopelo de seda*
- *Guata a medida*
- *Cierre plateado*
- *Rosas de organza*
- *Tiza para sastres*
- *Alfileres y forro del mismo color*
- *Hilo del mismo color del n.° 50*
- *Pasamanerías*
- *Cadenas*
- *Tijeras, aguja, dedal*

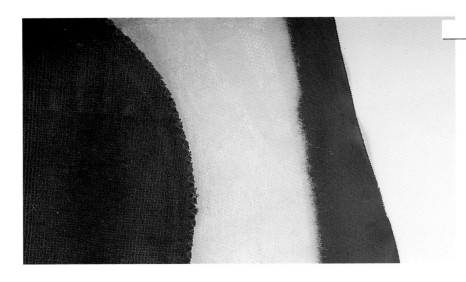

1 *Sobre la superficie de trabajo, colocar los materiales para la realización del bolso: terciopelo, guata y forro.*

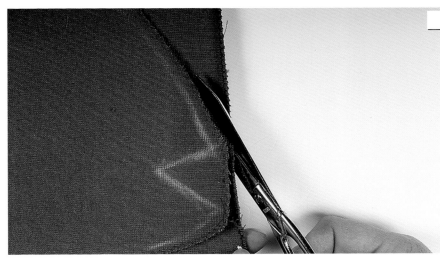

2 *Después de haber señalado las diferentes medidas sobre el terciopelo, cortar las dos caras del bolso, superponiendo la tela y manteniéndola bien sujeta con alfileres.*

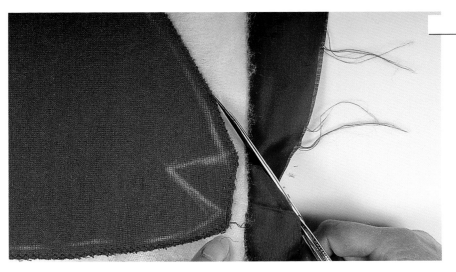

3 *Apoyar sobre el forro y la guata una parte del bolso y cortar también estos tejidos a medida. Repetir la operación dos veces: podrán obtenerse de esta forma la parte anterior y la posterior del bolso.*

4 *Hilvanar todas las pequeñas piezas de las diferentes partes de tejido y ensamblarlas colocando forro, guata y terciopelo en este orden. Hilvanar y coser con puntos pequeños los lados del bolso dejando abierto el espacio para el cierre.*

5 *Una vez terminada la costura, en la parte superior donde será aplicado el cierre, coser juntas las tres piezas de tejido, haciendo un dobladillo de $\frac{1}{2}$ cm hacia el interior del tejido para aplastarlos.*

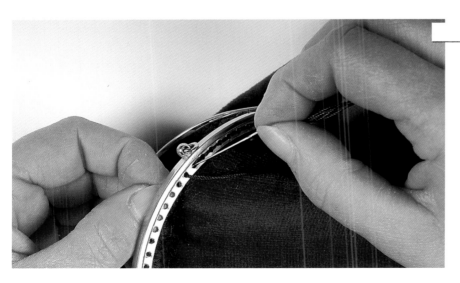

6 *Por último, colocar el cierre agujereado y coser el bolso con punto atrás. Una vez terminada la costura, aplicar en el interior del bolso una pequeña pasamanería como adorno. Decorar también con una cadena y, si se desea, adornar la parte delantera del bolso con flores de tela o con strass.*

De compras

De perfecto estilo urbano,
estos prácticos bolsos,
en cálidos tonos naturales,
se convertirán en
protagonistas de la vida
diaria.

MATERIALES

- Tela de lino natural
- Hilo mouliné en el color elegido
- Hilo de costura
- Forro, tijeras, aguja, dedal

1 *En la parte delantera del bolso, recortar de la tela un rectángulo de 35 × 43 cm.*
Deshilar del tejido cinco hilos y, a 2 cm de separación, deshilar ahora cinco hilos. Para la esquina, colocar alfileres o señalar dónde debe de pararse. Mantener el tejido al revés para el bordado, de forma que por el derecho puedan verse sólo las vueltas del hilo alrededor de la columna y un trocito de hilo. Coger un grupo de tres hilos y formar una columna, clavando la aguja de forma horizontal, de derecha a izquierda. A la derecha de esta unión, realizar un punto vertical pasando la aguja de arriba abajo y cogiendo dos hilos de tejido. Continuar de esta forma hasta el final de la vainica. Realizar en la esquina un cordoncito para rematar los puntos y continuar en el lado superior.

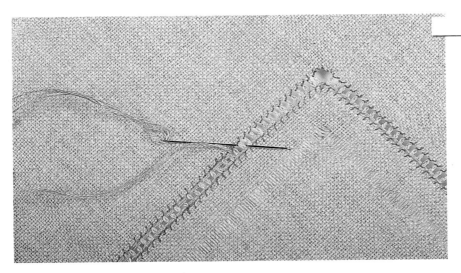

2 *Después de haber terminado la vainica en un lado, dar la vuelta al trabajo y continuar en el otro lado, repitiendo la misma elaboración. Realizar el mismo trabajo también en el otro deshilado. Con el hilo mouliné a dos hilos, trabajar a punto de hilván en el interior de la vainica para crear así una decoración.*

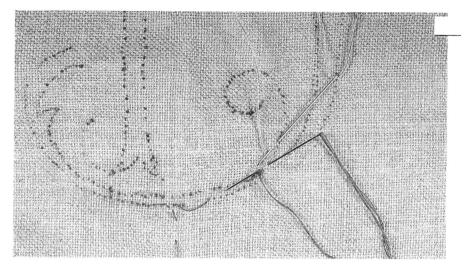

3 Elegir el dibujo que más guste de una revista de bordados. Después de haber pasado el diseño al tejido con el papel de calco, realizar con el hilo mouliné una bastilla en el interior del trazado para dar más espesor.

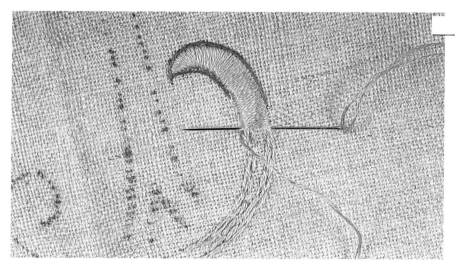

4 Bordar con el hilo mouliné a punto lleno la parte rellena de la cifra con dos hebras de hilo, inclinando ligeramente el punto en las zonas redondeadas. A continuación, punto de tallo, bordar con los bordes y las volutas de la cifra. Para la parte de atrás del bolso, cortar un rectángulo de 35 × 43 cm y uno de 35 × 8 cm.

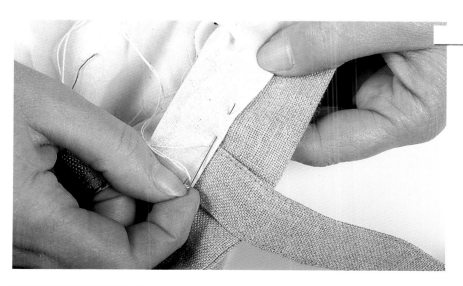

5 Hilvanar los dos rectángulos de 35 × 43 cm al rectángulo de 8 cm que formará el fuelle de la base. Dar la vuelta a 3 cm de tela, en la parte superior, para el dobladillo. Cortar de la tela dos tiras de 4 × 44 cm, coserlas doblando hacia el interior $\frac{1}{2}$ cm por cada parte del tejido. Hacer en ambos lados un pespunte. Cortar el forro a medida y colocarlo. Completar con las asas.

Pochette a punto smock

Parecen salidas del baúl de la abuela estas *pochette* de gran capacidad. Para llevar de vacaciones o en la ciudad, en la mano o con una pequeña bandolera, realizables con diferentes tejidos, desde el clásico terciopelo al precioso brocado.

MATERIALES

- 90 × 70 cm de tejido grueso
- 90 × 70 cm de forro del mismo color
- Cuentas de vidrio
- Cuentas de cera de color oro
- Hilo para bordar en diferentes colores
- Aguja de costura
- 1 rectángulo de 30 × 10 cm
- Tira adhesiva de velcro
- Hilo de costura, tijeras, dedal

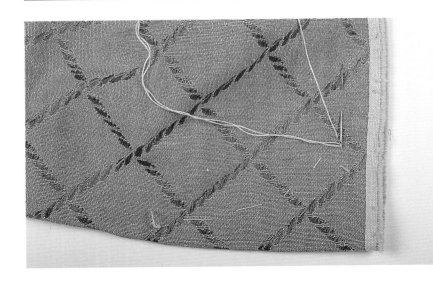

1 | Hilvanar el bolso. Crear en el fondo una curva para darle una forma redondeada. Coser con hilo fuerte.

2 | Terminar las costuras laterales. En la parte superior del bolso, coser un rectángulo de tela de 30×10 cm para formar el cierre del bolso.

3 | Coser con pequeños puntos los lados del bolso terminando los bordados con cuentas. Aplicar el forro y, por último, una tira de velcro adhesivo del mismo color.
Todos los bolsos que aquí se presentan pueden coserse a máquina, a excepción de los bolsos de metal y cuentas.

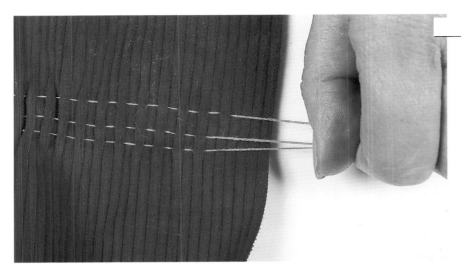

4 En los 90 cm de tejido, por el revés, señalar todos los puntos para crear el pespunte para el punto smock, ayudándose con una regla y haciendo los puntos a una misma distancia. Con el hilo grueso, pasar todos los puntos haciendo líneas de hilvanes. Tirar de los hilos de dos en dos, creando pliegues regulares y hacer nudos en los hilos para que no se aflojen.

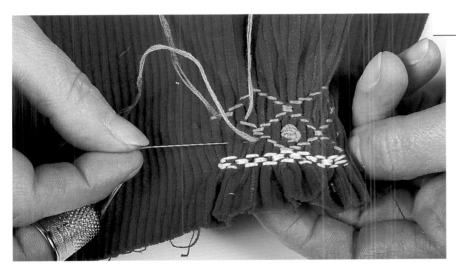

5 Trabajando de izquierda a derecha, coger dos pliegues con dos puntos atrás, pasando la aguja por el revés, trabajando a la vez dos frunces y cogiendo los pliegues alternativamente en una línea y en la otra.

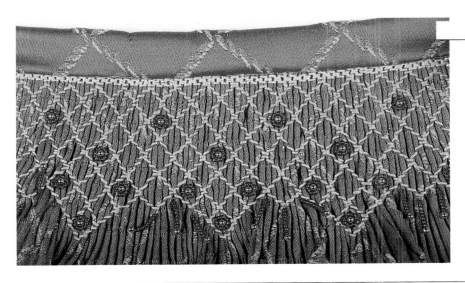

6 Para realizar los triángulos, pasar con el hilo sobre dos pliegues, volver con la aguja por debajo de uno solo, manteniendo el hilo por abajo y haciendo salir la aguja por encima. El bordado debe medir un total de 30 cm; la medida del tejido es tres veces la medida del bordado mismo, una vez terminado.

Bolso de ganchillo

Bolso realizado en ganchillo,
decorado con cuentas
de un llamativo color
amarillo.

MATERIALES

- *2 bobinas de hilo del n.º 40
  amarillo tostado*
- *20 cm de forro del mismo color*
- *Cuentas de resina de color
  amarillo*
- *1 ganchillo del n.º 4*
- *Hilo de costura*
- *Aguja, dedal, tijeras*

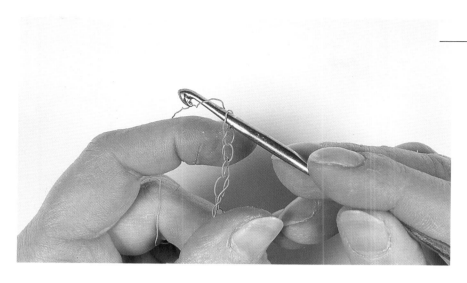

1 *Realizar la carterilla a punto alto, en las dimensiones deseadas. A continuación, preparar con la aguja de ganchillo del n.º 4 tres filas de cadeneta con un largo de 3 m.*

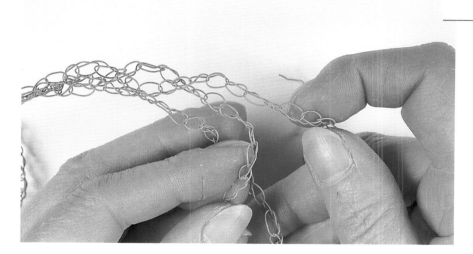

2 *Con estas tiras, realizar un trenzado suave de tres columnas. Hacer un enrollamiento con uno de los extremos para bloquear la tira.*

3 *Pasar un hilo por el trenzado a través de los puntos del trabajo y rematar bien la bandolera. Coser el forro interior y, por último, aplicar alrededor varias vueltas de flecos con cuentas de resina del mismo color.*

OTROS TÍTULOS PUBLICADOS

Más información sobre éstos y otros títulos en nuestra página web:
www.editorialeldrac.com